Paul Elvere DELSART

I0477803

Le Papillon Source
Projet Torreblanca

2024

Éditions EL4DEV

Mentions légales

Éditions EL4DEV

(Association Loi 1901 « Le Papillon Source EL4DEV »)

18 avenue de Gradignan - 33850 Léognan - FRANCE

Informations légales

Dépôt légal : Juin 2024

Sommaire

Préface

Chers lecteurs,

Ce livre est une exploration approfondie et comparative des deux projets majeurs qui pourraient transformer la commune de Torreblanca : le PAI du Golf de Torreblanca et le projet innovant nommé « LE PAPILLON SOURCE ». Dans ces pages, nous examinerons en détail les implications, les avantages et les défis de chacun de ces projets, en offrant aux habitants et aux élus municipaux une perspective claire et informée pour les aider dans leur prise de décision.

Le PAI du Golf de Torreblanca est un projet ambitieux, conçu il y a plus de deux décennies, visant à développer une vaste zone résidentielle et touristique avec plus de 4 400 logements, des hôtels, des zones commerciales et un terrain de golf de plus de 600 000 mètres carrés. Ce projet promet de stimuler l'économie locale, d'attirer de nouveaux résidents et touristes, et de créer des emplois. Cependant, il soulève aussi des questions cruciales concernant la durabilité environnementale, l'approvisionnement en eau et les impacts sociaux à long terme.

« **LE PAPILLON SOURCE** », que j'ai fondé et que je porte, en revanche, représente une vision radicalement différente du développement local. Ce projet de parcs à thèmes altermondialistes, autogérés, agroclimatiques et éducatifs propose de régénérer les écosystèmes locaux tout en produisant une agriculture de subsistance. En s'appuyant sur un modèle de financement participatif et collaboratif, impliquant plusieurs communes formant un Groupement d'Intérêt Économique à vocation sociétale, « LE PAPILLON SOURCE » aspire à devenir un moteur de transformation sociétale et écologique. Il se présente comme une alternative au tourisme de masse, mettant l'accent sur la durabilité, l'éducation et l'autosuffisance.

Ce livre ne se contente pas de présenter ces deux projets ; il les compare en profondeur. Nous analyserons leur potentiel économique, leurs impacts environnementaux, leurs implications sociales et les perspectives de développement qu'ils offrent. Nous évaluerons comment chacun d'eux pourrait répondre aux besoins et aspirations de la communauté de Torreblanca et de ses environs.

Les habitants de Torreblanca et leurs élus municipaux font face à un choix déterminant. Leurs décisions façonneront l'avenir de leur commune, influençant non seulement l'économie locale mais aussi la qualité de vie, la préservation de l'environnement et le positionnement de Torreblanca sur la carte mondiale du tourisme et du développement durable.

En parcourant ce livre, j'espère offrir une vision éclairée et équilibrée des deux projets. Je souhaite fournir aux décideurs locaux et aux citoyens les informations nécessaires pour peser les avantages et les inconvénients, et pour choisir le chemin qui alignera le mieux Torreblanca avec ses valeurs et ses objectifs à long terme.

Je vous invite à plonger dans cette étude comparative et à participer à ce dialogue crucial sur l'avenir de Torreblanca.

Ensemble, faisons le choix qui mènera à un avenir prospère, durable et harmonieux pour cette belle commune.

Paul Elvere DELSART

Présentation de l'auteur

Paul Elvere DELSART est un Ingénieur social français, un Eco-entrepreneur, le Directeur du programme d'ingénierie participative multidisciplinaire et de Construction Sociale nommé EL4DEV, un Auteur / Editeur de romans et nouvelles d'Anticipation (Science-fiction sociale – Fictions spéculatives) en environnements réels et un Artiste autodidacte.

Il est notamment l'auteur des univers et sous-univers de Fiction-sociale nommés **l'Empire Vert d'Orient et d'Occident (la Confédération EL4DEV), LE PAPILLON SOURCE, Les Calderas Végétales** et **La Civilisation des Chats**.

Il utilise la fiction sociale pour déclencher l'innovation sociale.

Il assume notamment son rôle d'**entrepreneur visionnaire** en développant des solutions à des problèmes sociaux, environnementaux et diplomatiques pour au final **créer des entreprises sociales novatrices et interconnectées** puis un **nouveau modèle de développement**.

1 – Les habitants ont le choix entre deux grands projets à Torreblanca

LE PAPILLON SOURCE

LE PAPILLON SOURCE est une initiative mondiale visant à canaliser la créativité, l'intellect, les opérations et les finances des nations pour un objectif commun :

- la régénération des écosystèmes locaux et le développement durable,
- l'autonomisation des petites communes et des populations,
- la coopération internationale et intercommunale,
- l'attribution d'un rôle entrepreneurial et sociétal aux petites communes
- la diminution progressive de l'importance des échanges économiques dans les relations internationales en faveur de l'augmentation des échanges intellectuels et culturels
- l'inclusion sociale au niveau local, national et international
- la cohésion communautaire

Ce projet est conçu comme une société alternative et éthique, impliquant des complexes écopaysagers expérimentaux, agroclimatiques, agrotouristiques et éducatifs. Ces lieux, conçus de manière participative, sont autogérés et interconnectés à l'échelle mondiale, constituant un réseau de vitrines pour un avenir meilleur et plus durable.

En somme, ces lieux sont :

• Des espaces pour expérimenter individuellement et collectivement,

• Des espaces pour partager la connaissance,

• Des pépinières de projets sociaux transformateurs,

• Des moteurs régénérant les environnements dégradés,

• Des pépinières pour la création de nouveaux écosystèmes,

• Des conservatoires botaniques,

• Des refuges pour les oiseaux et abeilles,

• Des lieux entièrement autonomes,

• Des modèles de ce que pourrait être un monde meilleur,

• Des vitrines d'un avenir prometteur,

• Des écoles d'un nouveau genre.

Ils sont :

• Implantés sur les cinq continents,

• Interconnectés, imaginés, conçus et construits par la communauté internationale, depuis chaque pays du monde, dans toutes les langues.

LE PAPILLON SOURCE est un label.

PAI du Golf de Torreblanca

Le Plan d'Action Intégré (PAI) du Golf de Torreblanca est un projet d'urbanisation ambitieux, initié en 2003 et récemment réactivé. Il vise à développer près de deux millions de mètres carrés, comprenant 4 400 logements, des zones commerciales, des hôtels et un terrain de golf de plus de 600 000 mètres carrés. Ce projet est axé sur la stimulation du tourisme et de l'économie locale par le biais d'un développement résidentiel et récréatif.

2 - Comparaison du projet LE PAPILLON SOURCE avec le PAI du Golf de Torreblanca

Les projets LE PAPILLON SOURCE et le PAI du Golf de Torreblanca, bien que visant à stimuler le développement économique et social de Torreblanca, diffèrent fondamentalement en termes de leurs objectifs, approches et impacts à long terme. Voici une comparaison détaillée des deux projets.

Objectifs et Vision

A- LE PAPILLON SOURCE

LE PAPILLON SOURCE est avant tout un projet sociétal et environnemental, axé sur la création de cités agroclimatiques autosuffisantes (parcs-à-thèmes alternatifs/altermondialistes et éducatifs) et de complexes végétaux expérimentaux autogérés également éducatifs. Ses principaux objectifs sont :

Stabilité et Sécurité Alimentaire : Produire des cultures de qualité de manière durable pour garantir la sécurité alimentaire locale.

Restauration Écologique : Lutter contre la dégradation des écosystèmes, la rareté de l'eau et la désertification.

Promotion de la Biodiversité : Utiliser des graines anciennes et sauvages pour renforcer la biodiversité.

Bien-être Communautaire : Créer des espaces de bien-être et d'apprentissage pour les populations locales et les visiteurs internationaux.

B- PAI du Golf de Torreblanca

Le PAI du Golf de Torreblanca est principalement un projet de développement urbain et touristique. Ses principaux objectifs sont :

Développement Urbain : Construire 4 400 logements, des hôtels, des zones commerciales et un terrain de golf.

Stimuler le Tourisme : Attirer des touristes grâce à des infrastructures modernes et un terrain de golf de grande envergure.

Création d'Emplois : Générer des emplois locaux à travers la construction et l'exploitation des nouvelles infrastructures.

Approche et Méthodologie

A- LE PAPILLON SOURCE

Participation Communautaire : Le projet repose sur la participation active des communautés locales, des gouvernements et des acteurs internationaux pour co-créer des solutions durables.

Agroclimatique et Éducationnelle : Les complexes agroclimatiques et les parcs éducatifs sont conçus pour être des vitrines de la durabilité et de l'innovation agricole, en utilisant des technologies vertes avancées.

Économie de Subsistance : L'accent est mis sur la production alimentaire locale et la résilience communautaire, plutôt que sur l'exportation et le profit.

B- PAI du Golf de Torreblanca

Urbanisation Traditionnelle : Le projet utilise une approche classique de développement immobilier et touristique, avec des infrastructures urbaines modernes.

Investissement Privé et Public : Le financement et la garantie de l'eau sont des aspects critiques, nécessitant des investissements massifs et des accords avec des entités comme Acuamed.

Consommation de Ressources : Le projet nécessite une consommation élevée d'eau et des ressources naturelles, ce qui soulève des préoccupations environnementales.

Impacts Prévisibles

A- LE PAPILLON SOURCE

Durabilité Environnementale : En mettant l'accent sur des pratiques agricoles durables et la restauration écologique, le projet devrait avoir un impact positif sur l'environnement local.

Renforcement des Communautés : En favorisant la coopération et l'éducation, le projet peut renforcer la cohésion sociale et améliorer la qualité de vie des résidents.

Modèle Réplicable : Les succès de LE PAPILLON SOURCE peuvent servir de modèle pour d'autres régions confrontées à des défis similaires.

B- PAI du Golf de Torreblanca

Développement Économique : Le projet devrait stimuler l'économie locale à court terme en attirant des touristes et en créant des emplois.

Risques Environnementaux : La consommation élevée d'eau et la transformation du paysage naturel peuvent entraîner des impacts environnementaux négatifs.

Défis de Viabilité : La dépendance à des infrastructures coûteuses et des accords complexes pour l'approvisionnement en eau pose des risques pour la viabilité à long terme du projet.

Conclusion

Les projets LE PAPILLON SOURCE et le PAI du Golf de Torreblanca représentent deux visions distinctes de développement pour Torreblanca. Le premier se concentre sur la durabilité, l'innovation et la participation communautaire, tandis que le second vise un développement urbain et touristique traditionnel avec des investissements importants et des risques environnementaux. Le choix entre ces deux approches dépendra des priorités de la communauté et des décideurs locaux en matière de développement durable et de bien-être à long terme.

3 - Rayonnement du Projet LE PAPILLON SOURCE sur Torreblanca et la Province de Castellón

Le projet LE PAPILLON SOURCE offre effectivement des avantages significatifs et un potentiel de rayonnement pour la commune de Torreblanca et la province de Castellón, tant sur le plan régional, national qu'international. Voici une analyse des impacts potentiels comparés à ceux du PAI du Golf de Torreblanca.

Impact sur le Plan Régional

A- LE PAPILLON SOURCE

Dynamique Collaborative : Le projet encourage la coopération entre les communes de la région, créant ainsi un réseau solide de collaboration et de soutien mutuel.

Développement Écologique et Éducatif : Les infrastructures agroclimatiques et éducatives attireraient des experts, des chercheurs et des visiteurs intéressés par les pratiques durables, augmentant ainsi le prestige régional.

Restauration Écologique : La lutte contre la désertification et la restauration des écosystèmes locaux amélioreraient la qualité de l'environnement régional, bénéfique pour la santé publique et l'attractivité touristique.

B- PAI du Golf de Torreblanca

Développement Urbain : Le projet de golf et de logements moderniserait la commune, attirant potentiellement des résidents et des touristes.

Impact Touristique : L'augmentation du tourisme pourrait stimuler l'économie locale à court terme, mais pourrait également entraîner une surcharge des infrastructures existantes.

Impact sur le Plan National

A- LE PAPILLON SOURCE

Modèle de Développement Durable : En tant que projet phare de durabilité, il pourrait inspirer d'autres régions d'Espagne à adopter des pratiques similaires, renforçant ainsi la réputation de la nation en matière de développement durable.

Attraction de Financements et de Talents : Le caractère innovant du projet pourrait attirer des financements publics et privés, ainsi que des talents nationaux, ce qui bénéficierait à l'ensemble de la province de Castellón.

Éducation et Formation : Les infrastructures éducatives fourniraient des programmes de formation avancés en agriculture durable et en restauration écologique, améliorant les compétences et les opportunités d'emploi au niveau national.

B- PAI du Golf de Torreblanca

Développement Économique : À l'échelle nationale, le projet pourrait être vu comme une initiative de relance économique locale, avec des impacts principalement limités à l'immobilier et au tourisme.

Consommation de Ressources : La forte consommation d'eau et les défis environnementaux pourraient susciter des préoccupations nationales sur la viabilité et la durabilité du projet.

Impact sur le Plan International

A- LE PAPILLON SOURCE

Rayonnement International : En tant que modèle d'innovation en agroécologie et en développement durable, Torreblanca pourrait devenir un centre d'excellence international, attirant des chercheurs, des étudiants et des visiteurs du monde entier.

Coopération Internationale : Le projet favoriserait des partenariats internationaux dans le domaine de la recherche, du développement technologique et des politiques de durabilité, renforçant les liens entre Torreblanca et des institutions internationales.

Tourisme Durable : L'accent mis sur le tourisme éducatif et écologique attirerait un nouveau type de tourisme conscient et respectueux de l'environnement, augmentant le prestige international de Torreblanca et de Castellón.

B- PAI du Golf de Torreblanca

Tourisme de Masse : Le projet pourrait attirer des touristes internationaux intéressés par le golf et les vacances de luxe, mais cela pourrait également entraîner des impacts environnementaux négatifs et une saturation des ressources locales.

Image Internationale : La dépendance à une forte consommation de ressources, comme l'eau, pourrait nuire à l'image internationale de la région en matière de durabilité.

Conclusion

Le projet LE PAPILLON SOURCE présente des avantages nettement plus intéressants pour le rayonnement de la commune de Torreblanca et la province de Castellón, en raison de son approche innovante, durable et collaborative. En encourageant des pratiques agricoles durables, en favorisant la coopération internationale et en attirant des talents et des visiteurs intéressés par l'écologie et l'éducation, LE PAPILLON SOURCE a le potentiel de positionner Torreblanca comme un leader mondial en matière de développement durable, offrant ainsi des retombées positives sur le plan régional, national et international.

4 – L'intérêt évident pour le projet « LE PAPILLON SOURCE »

Le projet LE PAPILLON SOURCE propose une vision innovante et durable du tourisme, qui pourrait effectivement attirer différents publics en Espagne, y compris les habitants de Torreblanca et les touristes nationaux et internationaux. Voici pourquoi ce modèle pourrait être attrayant :

Pour le Peuple Espagnol

Sensibilité Croissante à la Durabilité :

Les Espagnols sont de plus en plus conscients des enjeux environnementaux et montrent un intérêt croissant pour des pratiques durables. Le projet LE PAPILLON SOURCE, avec son accent sur la régénération des écosystèmes locaux et l'agriculture de subsistance, résonne avec ces préoccupations.

Les initiatives comme les parcs agroclimatiques et les complexes éducatifs offrent des alternatives concrètes aux défis de la durabilité, ce qui pourrait séduire les Espagnols désireux de participer à des projets positifs pour l'environnement et la société.

Éducation et Participation Communautaire :

Les complexes éducatifs et autogérés offrent des opportunités d'apprentissage et de participation active. Les Espagnols peuvent ainsi s'engager dans des projets communautaires, enrichir leurs connaissances sur l'agroécologie et participer à la gestion des ressources locales.

Les valeurs de coopération et de gestion communautaire sont souvent bien accueillies dans les sociétés ayant une forte tradition de solidarité et d'engagement communautaire.

Pour les Habitants de Torreblanca

Opportunités Économiques Locales :

Le projet pourrait créer de nombreux emplois locaux dans des secteurs variés : agriculture durable, éducation, gestion de parcs à thème, etc.

La mise en place de ces infrastructures attirerait également des investissements et des financements, dynamisant l'économie locale de manière durable.

Amélioration de la Qualité de Vie :

La restauration des écosystèmes locaux et la mise en œuvre de pratiques agricoles durables amélioreraient l'environnement de vie des habitants de Torreblanca.

Les initiatives éducatives et communautaires peuvent renforcer le tissu social et offrir de nouvelles perspectives aux jeunes et aux travailleurs locaux.

Pour les Touristes Visitant l'Espagne

Tourisme Expérientiel et Éducatif :

De nombreux touristes recherchent des expériences de voyage authentiques et éducatives. Les parcs à thèmes alternatifs et les complexes agroclimatiques offrent des opportunités uniques d'apprentissage et d'immersion dans des pratiques durables.

Ces sites pourraient attirer des touristes intéressés par l'écologie, l'agriculture durable, et des expériences de voyage qui vont au-delà de la consommation traditionnelle des biens et services.

Écotourisme et Bien-être :

Le modèle de LE PAPILLON SOURCE, axé sur la durabilité et le bien-être, répond à la demande croissante pour l'écotourisme et les séjours centrés sur la santé et le bien-être.

En proposant des espaces de tranquillité, de ressourcement et de contact avec la nature, ces complexes offrent une alternative bienvenue aux destinations touristiques de masse souvent perçues comme stressantes et écologiquement destructrices.

Innovations et Attractivité

Modèle Innovant et Visionnaire :

Le caractère innovant du projet LE PAPILLON SOURCE, en tant que modèle de tourisme alternatif et durable, peut attirer l'attention et susciter l'intérêt tant au niveau national qu'international.

En étant parmi les premiers à adopter ce type de modèle, Torreblanca pourrait se positionner comme un pionnier du tourisme durable, attirant ainsi des visiteurs curieux de découvrir cette nouvelle approche.

Marketing et Image de Marque :

Le label LE PAPILLON SOURCE peut devenir une marque de confiance et de qualité pour les touristes recherchant des destinations durables.

La promotion efficace de ces valeurs peut renforcer l'image de Torreblanca et de la province de Castellón comme des destinations de choix pour les voyages responsables et enrichissants.

Conclusion

Le projet « LE PAPILLON SOURCE » a le potentiel de transformer le modèle touristique actuel en Espagne et dans le monde entier. En mettant l'accent sur la durabilité, l'éducation, et la gestion communautaire, ce projet répond aux besoins et aux attentes d'un public diversifié. Les Espagnols, les habitants de Torreblanca, et les touristes internationaux pourraient tous trouver dans ce modèle une source d'inspiration et une alternative attractive aux formes traditionnelles de tourisme. En adoptant ce projet, Torreblanca pourrait devenir un leader en matière de tourisme durable, offrant des avantages à long terme pour la communauté locale et la région dans son ensemble.

5 - LE PAPILLON SOURCE et le PAI du Golf de Torreblanca sont visions contrastées sur le plan sociétal et financier

Le projet LE PAPILLON SOURCE et le PAI du Golf de Torreblanca représentent deux visions contrastées du développement urbain et touristique pour la commune de Torreblanca. Tandis que le premier mise sur la durabilité, l'éducation et la collaboration internationale, le second est ancré dans un modèle de développement plus traditionnel, axé sur l'urbanisation et le tourisme de masse. Examinons ces deux projets en détail pour comprendre leurs impacts potentiels sur la commune et la région.

LE PAPILLON SOURCE

1. Vision et Objectifs

Innovation Durable: LE PAPILLON SOURCE propose des parcs à thèmes altermondialistes, agroclimatiques et éducatifs, ainsi que des complexes végétaux visant à régénérer les écosystèmes locaux et à produire une agriculture de subsistance.

Modèle Collaboratif: Ce projet est financé de manière participative par plusieurs petites communes formant un Groupement d'Intérêt Économique (GIE) à vocation sociétale. Ces communes collaborent avec le think tank associatif français LE PAPILLON SOURCE EL4DEV, basé à Léognan, dans la région de la NOUVELLE AQUITAINE.

Rayonnement International: Le projet vise à attirer des visiteurs du monde entier grâce à ses offres éducatives et écologiques uniques, favorisant une image de leader en tourisme durable pour Torreblanca.

2. Avantages pour Torreblanca et la Région de Castellón

Durabilité Environnementale: En mettant l'accent sur la régénération des écosystèmes, la lutte contre la désertification et la promotion de pratiques agricoles durables, le projet contribuerait à la protection de l'environnement local.

Éducation et Engagement Communautaire: Les complexes éducatifs autogérés offriront des opportunités d'apprentissage et de participation active pour les résidents et les visiteurs, renforçant le tissu social et la connaissance locale.

Tourisme Responsable: Attirer des touristes intéressés par l'écotourisme et les pratiques durables pourrait réduire l'impact environnemental du tourisme de masse et promouvoir un modèle de développement plus équilibré.

3. Modèle de Financement et Gouvernance

Groupements d'Intérêt Economique (GIE) à Vocation Sociétale: Chaque pays participant constitue son propre GIE local de communes pour financer collectivement les parcs et complexes agroclimatiques et touristiques, liées par des contrats opérationnels avec le think-tank associatif français nommé LE PAPILLON SOURCE EL4DEV.

Les sommes nécessaires au financement de la conception et de l'organisation d'événements participatifs de coopération intellectuelle et artistique seront acquises par des subventions en provenance des communes se regroupant et participant. Les sommes nécessaires au financement des travaux de construction seront prélevées dans leurs budgets d'investissement respectifs (type d'opération qu'elles effectueront : acquisition de titres de participation) ou autres titres immobilisés dans les projets. Ce sont donc les capacités d'autofinancement diverses des communes qui financeront les projets.

L'apport potentiel total de l'ensemble des communes engagées dans le processus, dans un pays donné, est donc très conséquent. Cette somme représente le budget potentiel pour la communication locale, nationale et transnationale, l'événementiel (ingénierie collaborative, coopération artistique), la construction des infrastructures au sein de différentes communes et la gestion opérationnelle de ces infrastructures.

Implication des Communes: Les communes participantes bénéficient d'une co-propriété des infrastructures et de royalties sur les activités touristiques, offrant des retours sur investissement tangibles et durables.

Les bénéfices commerciaux engendrés par les revenus touristiques (visites des structures, organisation d'événements au sein des structures sur l'ensemble du territoire national) sont équitablement répartis entre les communes participantes (participation égale car montants uniques, indépendamment de la taille de la commune). Ces bénéfices viendront s'ajouter aux recettes de fonctionnement des communes, les rendant de plus en plus indépendantes des dotations de l'État et de l'ensemble des organismes publics ainsi que, pourquoi-pas, des impôts locaux : directs ou indirects et fiscalité économique. Ceci les rendra également indépendante des emprunts bancaires.

Le projet ne pourra pas être financé contre acquisition de titres de participation par des acteurs privés (infrastructures uniquement destinées aux communes). Il n'y aura donc pas d'actionnaires.

Le projet pourra toutefois, en parallèle, être soutenu par du financement participatif en ligne d'internautes en échanges de compensations non financières (crowdfunding).

Croissance des G.I.E. sociétaux nationaux: Chaque nouveau site sera financé de la même manière, par les mêmes acteurs. Un G.I.E. pourra continuellement grandir et avec cela, seront financés d'autres sites, sur le territoire, par le collectif sociétal grandissant de communes.

Le budget des autres sites sera progressivement revu à la baisse car la très grande majorité des solutions techniques auront été conçues en amont. Seuls subsisteront des modifications mineures à apporter (adaptées aux environnements géographiques et climatiques).

Les budgets dépendront donc en grande partie des terrains ou seront construits les édifices.

PAI du Golf de Torreblanca

1. Vision et Objectifs

Développement Urbain Traditionnel: Le PAI du Golf, initialement planifié en 2003, vise à construire 4 400 logements, des zones commerciales, des hôtels, et un terrain de golf de 600 000 mètres carrés sur près de deux millions de mètres carrés.

Tourisme de Masse: Le projet repose sur l'attraction d'un grand nombre de touristes pour stimuler l'économie locale et créer des emplois.

2. Avantages et Défis pour Torreblanca

Stimulation Économique: La construction de logements, d'hôtels et de zones commerciales pourrait générer des emplois et des revenus pour la commune, favorisant le développement économique.

Problèmes Environnementaux: La consommation d'eau estimée à 3,6 millions de litres par jour pour ce projet pose des défis majeurs en termes de durabilité, avec des risques de surexploitation des ressources en eau et de dégradation environnementale.

Incertitudes Financières: Les conditions strictes de financement et de garantie, notamment les 15,6 millions d'euros requis pour l'approvisionnement en eau, créent des incertitudes quant à la viabilité et à la réalisation du projet.

3. Modèle de Financement et Gouvernance

AIU et Partenariats Public-Privé: Le projet est géré par un groupement d'intérêt urbanistique (AIU : (« Administración, Imprevistos y Utilidad »)) 'Azahar Sea Torreblanca', avec des participations majoritaires de la Société de Gestion d'Actifs issus de la Restructuration Bancaire (Sareb).

Risques et Dépendances: La dépendance à l'égard de partenariats avec des entités comme Acuamed pour l'approvisionnement en eau et la complexité des accords financiers ajoutent des couches de risque au projet.

Comparaison des Impacts

Rayonnement International et Attractivité

LE PAPILLON SOURCE: En promouvant des pratiques durables et éducatives, ce projet pourrait attirer un public international soucieux de l'environnement et des nouvelles formes de tourisme, renforçant ainsi le rayonnement international de Torreblanca.

PAI du Golf: Bien que ce projet puisse attirer des touristes intéressés par le golf et les séjours de luxe, il s'inscrit dans un modèle plus traditionnel qui pourrait devenir obsolète face aux nouvelles exigences de durabilité.

Durabilité et Environnement

LE PAPILLON SOURCE: Ce projet présente des avantages environnementaux significatifs, avec une gestion durable des ressources naturelles et une régénération des écosystèmes locaux.

PAI du Golf: Les impacts environnementaux négatifs potentiels, notamment en termes de consommation d'eau et de gestion des ressources, posent des défis majeurs à la durabilité du projet.

Implication et Bénéfices pour la Communauté

LE PAPILLON SOURCE: Les communes participantes bénéficieront directement de la co-propriété des infrastructures et des retours financiers sur les activités touristiques, favorisant un développement équitable et durable.

PAI du Golf: Bien que le projet puisse créer des emplois et des revenus, les incertitudes financières et les risques environnementaux peuvent limiter les bénéfices à long terme pour la communauté.

Conclusion

Le projet LE PAPILLON SOURCE, avec son modèle innovant de tourisme durable et éducatif, offre une alternative plus équilibrée et durable au PAI du Golf de Torreblanca. En mettant l'accent sur la collaboration, la durabilité et l'éducation, il présente des avantages significatifs pour le rayonnement international de Torreblanca, la protection de l'environnement et l'implication communautaire. Tandis que le PAI du Golf repose sur un modèle traditionnel de développement urbain et touristique, ses défis en termes de durabilité et d'incertitudes financières en font une option moins attractive à long terme.

En outre, le projet LE PAPILLON SOURCE est un projet hautement participatif impliquant directement les communes locales et les habitants, favorisant l'inclusion sociale et la cohésion communautaire.

Enfin, le projet LE PAPILLON SOURCE implique les résidents locaux dans la conception, la mise en œuvre et la gestion du projet, favorisant un sentiment de propriété et de fierté.

6 – Des complexes labélisés « LE PAPILLON SOURCE » proposés dans le Prat de Cabanes-Torreblanca

Le Prat de Cabanes-Torreblanca est une zone humide d'importance écologique située dans la province de Castellón, Espagne. Les zones humides, en général, sont des écosystèmes fragiles mais extrêmement précieux, offrant une biodiversité riche et des services écosystémiques essentiels, tels que la régulation de l'eau, la filtration des polluants et la protection contre les inondations. Lorsque l'on envisage l'installation de structures agroclimatiques dans une telle zone, plusieurs considérations doivent être prises en compte pour déterminer si c'est un lieu adéquat.

Avantages de l'Installation dans le Prat de Cabanes-Torreblanca

1. **Synergie avec la Biodiversité Locale**:

Les infrastructures agroclimatiques du projet LE PAPILLON SOURCE pourraient s'intégrer harmonieusement avec les écosystèmes existants en utilisant des pratiques agricoles durables qui favorisent la biodiversité locale. Par exemple, la culture de plantes locales et l'utilisation de techniques agricoles naturelles peuvent renforcer les habitats naturels.

2. **Restauration et Préservation Écologique**:

Les projets agroclimatiques peuvent inclure des efforts de restauration écologique, aidant à revitaliser des zones dégradées du Prat de Cabanes-Torreblanca. Cela inclut la restauration des sols, la plantation d'espèces végétales natives, et la création d'habitats pour la faune locale.

3. **Éducation et Sensibilisation**:

Le projet pourrait servir de plateforme éducative pour sensibiliser le public à l'importance des zones humides et des pratiques agricoles durables. Les visiteurs et les résidents pourraient apprendre comment l'agriculture peut coexister avec la conservation écologique.

4. **Gestion de l'Eau**:

Les technologies modernes d'irrigation et de gestion de l'eau utilisées dans les complexes agroclimatiques peuvent améliorer l'efficacité de l'utilisation de l'eau dans la région. L'utilisation de systèmes de collecte et de recyclage de l'eau pourrait contribuer à la conservation des ressources en eau locales.

Défis et Considérations

1. **Fragilité de l'Écosystème**:

Le Prat de Cabanes-Torreblanca est une zone humide fragile, et toute construction ou activité humaine doit être soigneusement planifiée pour éviter la perturbation des habitats naturels. Une évaluation d'impact environnemental approfondie est essentielle.

2. **Réglementation Environnementale**:

Les zones humides sont souvent protégées par des réglementations strictes visant à préserver leur intégrité écologique. Le projet devra se conformer à toutes les lois et régulations locales, nationales et européennes concernant les zones protégées.

3. **Risque de Pollution**:

Bien que les infrastructures agroclimatiques soient conçues pour être écologiquement responsables, il existe toujours un risque de pollution par les nutriments et les produits agricoles. Des mesures strictes doivent être mises en place pour prévenir toute contamination des sols et des eaux.

4. **Infrastructures et Accessibilité**:

La mise en place d'infrastructures dans une zone humide peut présenter des défis logistiques, tels que l'accès, la construction sur des terrains potentiellement instables et la gestion des ressources naturelles sans perturber l'équilibre écologique.

Conclusion

Le Prat de Cabanes-Torreblanca pourrait être un lieu adéquat pour accueillir des structures agroclimatiques du projet LE PAPILLON SOURCE, à condition que le projet soit conçu et mis en œuvre de manière à respecter et valoriser l'écosystème fragile de cette zone humide. Cela nécessitera une planification minutieuse, des évaluations d'impact environnemental rigoureuses, et une coopération étroite avec les autorités locales et les experts en conservation.

Les avantages potentiels incluent non seulement la revitalisation écologique et la biodiversité accrue, mais aussi l'opportunité de transformer la région en un modèle de développement durable qui peut servir d'exemple et d'inspiration pour d'autres régions du monde. En outre, en tant que lieu d'éducation et de sensibilisation, le projet peut renforcer la compréhension et l'appréciation de l'importance des zones humides et des pratiques agricoles durables auprès des visiteurs et des résidents.

7 – LE PAPILLON SOURCE est beaucoup plus avantageux financièrement que le PAI du Golf de Torreblanca

Évaluer quel projet est plus intéressant financièrement pour la commune de Torreblanca et ses habitants implique de considérer divers facteurs économiques, environnementaux et sociaux à court et à long terme. Voici une analyse comparative des deux projets sous l'angle financier.

PAI du Golf de Torreblanca

Avantages Financiers à Court Terme

1. **Investissement Initial**: Le projet du PAI du Golf représente un investissement majeur avec des constructions de logements, hôtels et zones commerciales, générant des revenus immédiats pour les entreprises de construction locales.
2. **Création d'Emplois**: Le développement de cette infrastructure créera des emplois pendant et après la

construction, stimulant ainsi l'économie locale à court terme.

3. **Revenus Fiscaux**: Les nouvelles propriétés et les entreprises généreront des revenus fiscaux pour la commune, y compris les taxes sur la propriété et les revenus commerciaux.

Défis Financiers

1. **Coûts Élevés d'Infrastructure**: La nécessité de garantir l'approvisionnement en eau par la construction de connexions à une usine de dessalement représente un coût initial élevé, estimé à 12 millions d'euros.

2. **Incertitudes et Risques Financiers**: L'incertitude concernant la signature de l'accord avec Acuamed pour l'approvisionnement en eau et les garanties financières requises (15,6 millions d'euros) posent des risques financiers importants.

3. **Dépendance à des Partenaires Extérieurs**: La réalisation du projet dépend de partenariats avec des entités externes, augmentant les risques de retard ou d'échec.

LE PAPILLON SOURCE

Avantages Financiers à Court Terme

1. **Financement Participatif**: Le modèle de financement participatif par plusieurs petites communes via des Groupements d'Intérêt Économique réduit le fardeau financier direct sur Torreblanca, répartissant les coûts initiaux.
2. **Subventions et Financements Internationaux**: En tant que projet innovant et durable, LE PAPILLON SOURCE est éligible à diverses subventions et financements internationaux, notamment de l'Union Européenne et d'organisations environnementales.
3. **Création d'Emplois Locaux**: Le développement des parcs à thèmes et des complexes agroclimatiques créera des emplois locaux dans des secteurs variés, de l'agriculture durable au tourisme éducatif.

Avantages Financiers à Long Terme

1. **Tourisme Durable**: Attirer des touristes intéressés par le tourisme durable et éducatif assure un flux de revenus stable et croissant, moins sujet aux fluctuations saisonnières du tourisme de masse.
2. **Valorisation des Terrains**: La création de ces complexes augmentera la valeur des terrains environnants, offrant des opportunités de développement supplémentaire pour la commune.
3. **Retour sur Investissement**: Les royalties générées par les activités touristiques et éducatives seront partagées entre les communes participantes, fournissant un retour sur investissement continu.

Défis Financiers

1. **Temps de Mise en Œuvre**: Le développement d'infrastructures labellisées LE PAPILLON SOURCE

peut prendre plus de temps à se mettre en place par rapport à des projets de construction classiques.

2. **Bénéfices à Long Terme**: Bien que les bénéfices financiers soient potentiellement très élevés à long terme, les revenus immédiats peuvent être plus faibles comparés aux gains rapides du PAI du Golf.

Conclusion

Court Terme

- PAI du Golf de Torreblanca semble plus avantageux financièrement à court terme en raison des investissements immédiats, de la création rapide d'emplois et des revenus fiscaux directs. Cependant, ces gains sont accompagnés de risques financiers élevés liés à l'approvisionnement en eau et aux garanties financières nécessaires.

Long Terme

- LE PAPILLON SOURCE offre des avantages financiers plus robustes et durables à long terme. Son modèle de financement participatif, les subventions potentielles, et la stabilité des revenus touristiques durables créent un cadre financier plus sûr et prometteur. Les risques financiers sont plus faibles et répartis entre plusieurs communes, ce qui diminue le fardeau financier sur Torreblanca seule.

Pour les habitants de Torreblanca

- LE PAPILLON SOURCE est plus attrayant en termes de durabilité environnementale et de qualité de vie, avec des bénéfices financiers à long terme qui favorisent un développement économique stable et diversifié. Le projet renforce également l'engagement communautaire et la protection des ressources naturelles locales, assurant une meilleure qualité de vie pour les résidents.

En résumé, bien que le PAI du Golf de Torreblanca puisse offrir des gains financiers rapides, LE PAPILLON SOURCE présente une opportunité financièrement plus viable et stable à long terme pour la commune et ses habitants, tout en étant plus aligné avec les objectifs de durabilité et de résilience économique.

8 – LE PAPILLON SOURCE –
Une capacité de financement importante et progressive

Les communes qui intégreront le Groupement d'Intérêt Économique (GIE) sociétal espagnol financeront collectivement l'achat des terrains rustiques aux particuliers actuellement propriétaires dans le Prat de Cabanes-Torreblanca. Ces terrains deviendront ainsi la propriété du Groupement de communes. Sur ces terrains, les complexes écopaysagers agroclimatiques labellisés LE PAPILLON SOURCE seront progressivement implantés.

Plus le GIE sociétal se développera avec l'adhésion de nouvelles communes espagnoles, plus le groupement pourra acquérir de nouveaux terrains rustiques. Ainsi, la capacité de financement du projet augmentera progressivement et de manière significative au fil du temps. Ce mécanisme est puissant car il permet une capacité de financement très progressive et considérablement accrue avec le temps.

9 – Les communes espagnoles peuvent-elles réaliser une opération de ce genre ?

En Espagne, les communes disposent d'une certaine autonomie en matière de gestion de leurs affaires locales, y compris la capacité à s'associer et à former des entités comme des Groupements d'Intérêt Économique (GIE) pour des projets communs. Cependant, il y a des considérations légales et réglementaires à prendre en compte pour s'assurer que ce type d'initiative est conforme aux lois locales et nationales. Voici quelques points à considérer :

1. Cadre Légal et Réglementaire :

- **Loi des Bases du Régime Local (« Ley de Bases del Régimen Local »)** : Cette loi régit l'organisation et le fonctionnement des communes en Espagne. Elle permet la coopération entre les communes par la formation de « mancomunidades » (communautés de communes) et de consortiums pour la gestion de services et la réalisation de projets communs.
- **Cadre Européen** : Les Groupements d'Intérêt Économique (GIE) sont également régis par des

directives européennes, notamment pour les aspects fiscaux et de concurrence.

2. Acquisition de Terrains :

- **Procédures d'Acquisition** : Les communes peuvent acheter des terrains pour des projets publics, mais elles doivent respecter les procédures d'acquisition de biens immobiliers, y compris les appels d'offres et les évaluations.
- **Utilisation des Terrains** : Les terrains achetés doivent être utilisés pour des projets qui sont dans l'intérêt public. L'usage doit être compatible avec les plans d'urbanisme locaux et régionaux.

3. Aspects Financiers :

- **Budget Communal** : Les communes doivent veiller à ce que les fonds publics soient utilisés de manière appropriée et transparente. La participation financière à un GIE doit être budgétisée et approuvée par les conseils municipaux.
- **Subventions et Financements** : Les communes peuvent rechercher des subventions et des financements, y compris des fonds européens, pour soutenir de tels projets.

4. Considérations Environnementales :

- **Protection des Zones Humides** : Le Prat de Cabanes-Torreblanca étant une zone humide, des réglementations strictes de protection environnementale s'appliquent. Toute intervention doit respecter les lois de conservation de la biodiversité et les directives de la « Red Natura 2000 ».

Conclusion :

En théorie, les communes espagnoles peuvent se réunir pour former un GIE et financer l'achat de terrains pour des projets comme LE PAPILLON SOURCE. Cependant, cela nécessite une planification rigoureuse, le respect des réglementations locales et nationales, et une gestion financière prudente. Les communes doivent également s'assurer que leurs initiatives respectent les lois environnementales, surtout dans des zones protégées comme le Prat de Cabanes-Torreblanca. Une consultation avec des experts en droit public, en finances locales et en environnement est recommandée pour garantir la conformité et la réussite du projet.

10 – LE PAPILLON SOURCE – Une révolution politique et culturelle en Espagne

Le projet **LE PAPILLON SOURCE** propose une véritable révolution dans le paysage politique et culturel de l'Espagne en redéfinissant le rôle des petites communes, souvent négligées, et en leur offrant une opportunité unique d'autonomisation et de dynamisation. Voici comment ces innovations vont transformer le pays :

1. Rôle d'Entrepreneur pour les Communes

Le projet introduit un modèle où les communes, en particulier celles de moins de 5 000 habitants, prennent un rôle d'entrepreneur. En formant des Groupements d'Intérêt Économique (GIE) sociétaux, ces petites communes peuvent acheter collectivement des terrains et y implanter des complexes écopaysagers agroclimatiques. Cette démarche collective et participative permet de mutualiser les ressources et de répartir les risques financiers, offrant ainsi une viabilité économique accrue. Pour la première fois, des petites communes auront un impact significatif sur leur propre développement, échappant à la dépendance des subventions et des décisions centralisées.

2. Autonomisation et Dynamisation des Territoires Isolés

Les complexes écopaysagers labélisés **LE PAPILLON SOURCE** sont conçus pour être autosuffisants et écologiquement durables, générant des emplois locaux, stimulant l'économie et revitalisant les zones rurales. Cette approche permet de redonner vie à des territoires isolés, souvent confrontés à la désertification démographique et au manque d'opportunités économiques. Les habitants bénéficient directement de cette dynamique nouvelle, améliorant leur qualité de vie et renforçant le sentiment d'appartenance à une communauté prospère.

3. Nouvelles Perspectives de Coopération Internationale

En participant au projet **LE PAPILLON SOURCE**, les petites communes espagnoles deviennent des actrices de la coopération internationale. Elles sont intégrées dans un réseau global de complexes agroclimatiques et éducatifs, facilitant les échanges intellectuels, culturels et sociétaux. Ce nouveau rôle sur la scène internationale, qualifié de **diplomatie sociétale EL4DEV**, permet aux communes de négocier et de coopérer au-delà des frontières nationales, renforçant ainsi leur influence et leur capacité à attirer des investissements et des projets internationaux.

4. Impact Intellectuel, Culturel et Sociétal

La **diplomatie sociétale EL4DEV** offre aux petites communes une plateforme pour partager et développer des initiatives innovantes. Les projets agroclimatiques et éducatifs servent de vitrines pour des pratiques durables et éthiques, influençant les politiques locales et nationales. Cette approche holistique favorise une culture de collaboration, de respect de l'environnement et d'innovation sociale, transformant les mentalités et les pratiques politiques.

5. Révolution du Paysage Politique

Avec le **PAPILLON SOURCE**, les petites communes accèdent à un pouvoir décisionnel et exécutif sans précédent. Cette redistribution du pouvoir local contrebalance les tendances centralisatrices, renforçant la démocratie participative et l'engagement citoyen. Les élus locaux sont encouragés à adopter des stratégies de développement durable et à impliquer directement leurs concitoyens dans la prise de décisions, instaurant une gouvernance plus transparente et inclusive.

En conclusion, le projet **LE PAPILLON SOURCE** ne se contente pas de proposer une alternative aux modèles touristiques traditionnels. Il redéfinit la place et le rôle des petites communes dans l'architecture politique et économique de l'Espagne, ouvrant la voie à un développement plus équilibré, durable et inclusif. Cette révolution, portée par l'engagement collectif et l'innovation, promet de transformer le paysage politique et culturel de l'Espagne, offrant de nouvelles perspectives d'avenir pour tous ses habitants.

11 – Outils collaboratifs et évènements transnationaux d'ingénierie pluridisciplinaire

Impliquer la commune de Torreblanca dans un processus d'ingénierie multidisciplinaire internationale via des plateformes digitales collaboratives et des événements nationaux de coopération intellectuelle et artistique pourrait avoir un impact transformateur et bénéfique à plusieurs niveaux. Voici une analyse des implications et des avantages potentiels de cette initiative :

1. Renforcement de la Communauté Locale

Impliquer les habitants de Torreblanca dans un projet global et multidisciplinaire favorisera un fort sentiment d'appartenance et de fierté locale. Les résidents auront l'occasion de contribuer activement à un projet d'envergure internationale, ce qui peut renforcer la cohésion sociale et l'engagement civique.

2. Accès à des Ressources et Connaissances Globales

Grâce aux plateformes digitales collaboratives développées par le programme EL4DEV, Torreblanca et ses habitants pourront accéder à un vaste réseau de ressources, de connaissances et de compétences internationales. Cette collaboration interdisciplinaire facilitera l'échange de bonnes pratiques, l'innovation et l'apprentissage continu.

3. Développement Économique et Opportunités d'Emploi

Les parcs-à-thèmes expérimentaux éducatifs et les complexes végétaux agroclimatiques autogérés créeront de nouvelles opportunités économiques pour Torreblanca. Ces projets attireront des visiteurs, des chercheurs, des artistes et des ingénieurs du monde entier, stimulant ainsi le tourisme, créant des emplois locaux et favorisant le développement de nouvelles entreprises et services.

4. Innovation et Durabilité

Les projets basés sur des spécifications techniques préétablies et une conception collective encourageront l'innovation dans des domaines clés tels que l'agriculture durable, la gestion des ressources naturelles et l'éducation environnementale. Torreblanca deviendra un modèle de durabilité et d'innovation, inspirant d'autres communes en Espagne et au-delà.

5. Réseau de Coopération Internationale

Participer à un réseau international de communes offre à Torreblanca une visibilité et une influence accrues sur la scène mondiale. Les événements nationaux et internationaux de coopération intellectuelle et artistique permettront aux habitants de partager leurs expériences, d'apprendre des autres et de créer des liens durables avec des partenaires internationaux.

6. Éducation et Sensibilisation

Les projets éducatifs expérimentaux offriront aux résidents, en particulier aux jeunes, des opportunités uniques d'apprentissage pratique et d'engagement dans des initiatives de développement durable. Cette éducation pratique contribuera à sensibiliser les générations futures à l'importance de la durabilité, de la collaboration et de l'innovation.

7. Autonomisation et Gouvernance Locale

En prenant un rôle actif dans la conception et la gestion des projets, les habitants de Torreblanca seront mieux placés pour prendre des décisions informées et autonomes concernant leur avenir. Cela renforcera la gouvernance locale et la capacité de la commune à gérer efficacement ses ressources et ses projets.

Conclusion

L'implication de la commune de Torreblanca dans un processus d'ingénierie multidisciplinaire internationale via des plateformes collaboratives et des événements de coopération représente une opportunité exceptionnelle pour la commune et ses habitants. Ce modèle de collaboration et d'innovation pourrait transformer Torreblanca en un leader en matière de durabilité, de développement économique et de coopération internationale, tout en offrant des avantages tangibles aux résidents locaux. C'est une vision ambitieuse qui, si réalisée, pourrait servir de modèle pour de nombreuses autres communes à travers le monde.

12 - Conclusion

Torreblanca pourrait avoir un grand destin et se voir propulsée sur la scène nationale et internationale en adoptant un rôle de leader dans son soutien au développement du projet « LE PAPILLON SOURCE ».

Ce projet offre une opportunité unique pour la commune de devenir un modèle d'innovation, de durabilité et de collaboration internationale. En choisissant « LE PAPILLON SOURCE », Torreblanca et ses habitants peuvent se positionner à l'avant-garde d'un mouvement mondial pour un avenir meilleur, tout en dynamisant leur économie locale et en renforçant leur communauté.

Faire le choix du projet « LE PAPILLON SOURCE » au détriment du PAI du Golf de Torreblanca est sans doute le meilleur choix que pourrait adopter la commune et ses habitants.

Cette décision permettrait à Torreblanca de devenir une référence en matière de développement durable et d'autonomisation locale, tout en offrant des perspectives prometteuses pour les générations futures.

En embrassant cette vision novatrice, Torreblanca peut s'ériger en symbole de la transformation positive et de la coopération internationale, ouvrant la voie à un avenir prospère et harmonieux.

13 – Les Projets de Paul Elvere DELSART

L'Empire Vert d'Orient et d'Occident (autrement nommé La confédération EL4DEV)

Il s'agit d'une vision, d'un concept sociétal qui se présente sous la forme d'un jeu de rôle grandeur nature en réalité alternée, d'un jeu de stratégie massivement multi-joueurs dans lequel la délimitation entre la fiction et la réalité est particulièrement imperceptible voire inexistante. Ce jeu atypique est hautement expérientiel et transformateur sur le plan culturel car les acteurs agissent en réformateurs de l'ensemble des structures et codes de la société. Sa particularité : une narration transmédia très innovante - L'**Empire Vert d'Orient et d'Occident** est un vaste empire écologique et sociétal inégalé dans l'histoire des hommes de par ses caractéristiques atypiques; un empire fortement prospère dans temps; un empire dans lequel l'ensemble des nations et territoires sont souverains et autosuffisants. Il s'agit d'une confédération d'individus et de petites communes situés aux quatre coins du monde interagissant de manière décentralisée par le biais de nombreux accords de coopération dans un objectif commun. Egalement nommé « **LA CONFEDERATION EL4DEV** », l'Empire agit en tant qu'organisme supranational éthique, une sorte d'ONU alternative. L'**Empire vert d'Orient et d'occident** a son plan d'action (le programme « **EL4DEV** ») et dispose de ses infrastructures (les cités et complexes éco paysagers labellisés « **LE PAPILLON SOURCE** » et leurs **calderas végétales**). L'**Empire Vert d'Orient et d'Occident**, est la réalisation de plusieurs **unions politico-sociétales** intégrées par de nombreux peuples, communes et nations du monde entier. Son réseau est tissé grâce à un nouveau modèle diplomatique: **la diplomatie sociétale EL4DEV**. Il est bâti sur un nouveau mouvement de pensée entrainant une refonte socio-organisationnelle de la société mondiale: **le 2nd mouvement de Renaissance EL4DEV**.

Le programme « EL4DEV »

Programme mère d'ingénierie participative pluridisciplinaire, procédé d'ingénierie sociale positive, mécanisme de constructivisme social - Plan d'action pour la mise en place de l'**Empire Vert d'Orient et d'Occident** - Le programme transnational « **EL4DEV** », programme à la fois environnemental, sociétal et politique, est un cadre hautement stimulant intégrant un vaste ensemble d'outils adéquats pour initier des coopérations de masse et des actions de progrès inédits entre les peuples et entre les nations. Le but est d'autonomiser les peuples et d'établir une nouvelle société civile juste et équilibrée en modifiant les environnements socio-organisationnels de l'ensemble des territoires du monde.

Le sous-programme et label « LE PAPILLON SOURCE »

« **LE PAPILLON SOURCE** » est un programme transnational de promotion et de conception participative d'un vaste ensemble de cités expérimentales touristiques et éducatives puis de complexes éco paysagers agro climatiques, tous autogérés et interconnectés sur les 5 continents - Ce sont les vitrines des procédés conçus et/ou promus et de la philosophie du programme « **EL4DEV** » et donc de l'**Empire Vert d'Orient et d'Occident**.

Déclinaisons territoriales du label :

- **LE PAPILLON SOURCE MEDITERRANEE**

- **LE PAPILLON SOURCE INNER AFRICA**

- **LE PAPILLON SOURCE INNER EUROPE**

- **LE PAPILLON SOURCE INNER ASIA**

- **LE PAPILLON SOURCE INNER OCEANIA**

- **LE PAPILLON SOURCE INNER AMERICA**

- **LE PAPILLON SOURCE PACIFIC**

Le sous-programme « LES COMMUNES CONTRE-ATTAQUENT »

« **LES COMMUNES CONTRE-ATTAQUENT** » est un programme transnational de coopération intercommunal pour le désenclavement et la redynamisation des territoires isolés et démunis. Plusieurs communes (notamment les plus petites - moins de 3000 habitants) se réunissent en **Groupements d'Intérêt Economique sociétaux** en vue de cofinancer des événements transnationaux de coopération décentralisée et les infrastructures novatrices du « **PAPILLON SOURCE** ». En contrepartie, les revenus financiers issus du modèle économique des cités touristiques (cités mères) sont reversés aux groupements (1 groupement par pays) et donc aux diverses communes impliquées en vue d'initier des transformations sociétales majeures au sein de ces communes.

Les infrastructures

Parcs-à-thèmes éducatifs agroclimatiques et autogérés (Cités touristiques)

Il s'agit du premier modèle de cités labellisées « **LE PAPILLON SOURCE** » - Ce sont des lieux de villégiature dans le cadre de séjours éducatifs et expérimentaux en tout inclus.

Complexes éco paysagers végétaux agroclimatiques et autogérés (Cités autogérées banques alimentaires)

Il s'agit du second modèle de cités labellisées « **LE PAPILLON SOURCE** » - Elles sont non touristiques (pas de modèle économique), plus petites et représentent des centres de production agricole et de régénération des écosystèmes. La production (100% végétale) n'est pas commercialisée mais distribuée gratuitement à des associations locales se chargeant d'aider les plus démunis. Un des objets de ce groupe de complexe interconnectés est l'autosuffisance alimentaire des nations.

Les calderas végétales

Il s'agit des modules-clés / générateurs agro climatiques des cités et complexes labellisés « **LE PAPILLON SOURCE** » - Il s'agit de parcs verticaux à la structure métallique et recouverts de végétaux se visitant en 3D et se présentant comme des sanctuaires et refuges pour abeilles et de nombreuses espèces d'oiseaux. Ces structures émettent une quantité importante d'ondes électromagnétiques influant positivement les être vivant dans leur entourage et ont une fonction clé en géobiologie (point d'acuponcture sur le réseau tellurique terrestre). Dans l'architecture des cités et complexes labellisés « **LE PAPILLON SOURCE** », **les calderas végétales** sont les pièces maîtresses, les modules pionniers à mettre en place avant tout le reste. Elles sont financées par le sous-programme « **LES COMMUNES CONTRE-ATTAQUENT** » et sont des éléments stratégiques pour la redynamisation des territoires le plus souvent situés le long des lignes de chemin de fer (moyen de transport privilégié dans l'**Empire Vert d'Orient et d'Occident**).

Les outils clés

Les Initiatives de Coopération Intellectuelle Transnationales (I.C.I.T.)

Evénements transnationaux en ligne de coopération intellectuelle et scientifique pour la conception participative des cités et complexes labellisés « **LE PAPILLON SOURCE** » - Ils sont financés par le programme « **LES COMMUNES CONTRE-ATTAQUENT** ».

Les Initiatives de Coopération Artistique Transnationales (I.C.A.T.)

Evénements transnationaux en ligne de coopération artistique pour la conceptualisation et la promotion par le visuel des cités et complexes labellisés « **LE PAPILLON SOURCE** » - Ils sont financés par le programme « **LES COMMUNES CONTRE-ATTAQUENT** ».

Les sources de financement public

Sous-programme LES COMMUNES CONTRE ATTAQUENT

Financement par un Groupement sociétal intercommunal des événement de coopération transnationale et des infrastructures (« **LE PAPILLON SOURCE** » incluant « **LES CALDERAS VEGETALES** ») - Il s'agit de coopération décentralisée (sans intervention des états) - En contrepartie, les revenus financiers issus du modèle économique des cités touristiques (cités mères) sont reversés aux groupements (1 groupement par pays) et donc aux diverses communes impliquées en vue d'initier des transformations sociétales majeures au sein de ces communes.

Les sources de financement annexes

Financement participatif

Financement d'ouvrages (incluant des précommandes), d'événements de coopération, de terrains pour la construction d'infrastructures ou simplement la production agricole et de matériel

www.ingramcontent.com/pod-product-compliance
Lightning Source LLC
Chambersburg PA
CBHW030034230526
45472CB00002B/502